ABC der Tiere – Die Silbenfibel® Kompakt

Die Silbenfibel® ist das Buch für Leseanfänger. Die Illustrationen laden ein zum Erzählen und Besprechen. Die Texte sind gleichermaßen Lesetraining und Lesefutter sowie ein Vorleseangebot. Die Silbenfibel® und die Silbenfibel® Kompakt sind inhaltlich identisch. Die Silbenfibel® Kompakt enthält ein reduziertes Textangebot und eine flachere Progression.

Silben als Ganzheit

Die Silbenfibel® Kompakt führt die Silben als Ganzheit ein und markiert sie durchgängig mit dem farbigen Silbentrenner. Auch beim Schreiben verwenden die Kinder zwei Farben. Das erleichtert allen Kindern das Lesen- und das orthografisch korrekte Schreibenlernen.

Silben – Buchstaben – Ganzwörter

Die eingeführten Silben und Buchstaben befinden sich auf den Doppelseiten in der Kassette links oben. Die Lesetexte enthalten immer nur die bis zu dieser Doppelseite eingeführten Silben und Buchstaben. In den Kassetten rechts oben befinden sich Ganzwörter mit besonderen Schwierigkeiten oder mit Buchstaben, die noch nicht eingeführt sind. Diese Ganzwörter werden den Kindern erklärt.

Differenzierung – Anforderungsniveaus

Die Silbenfibel® Kompakt bietet differenzierte Lernangebote und selbstdifferenzierende Aufgabenstellungen. Jedes Kind kann auf seinem Lernstand fördernde und fordernde Herausforderungen finden – und diese auch erfolgreich meistern. Nicht alle Kinder müssen alle Aufgaben bearbeiten. Die Anforderungsniveaus sind auf allen Seiten mit einem Punktesystem markiert:

- • Anforderungsniveau 1
- •• Anforderungsniveau 2
- ••• Anforderungsniveau 3

Kompetenzorientierung

Die Lernangebote und Übungsaufgaben sind kompetenzorientiert. Ein Farbsystem markiert die Kompetenzen bei den Lernangeboten (S. 2, 3) und bei den Übungsaufgaben (S. 4).

- Sprechen und Zuhören
- Sprache untersuchen
- Lesen
- Schreiben

Sprechen – lesen – untersuchen – schreiben (Seite 2, 3)

Jede Fibel-Doppelseite enthält vielfältige und abwechslungreiche Angebote auf unterschiedlichen Niveaustufen.

Bilder und Themen entdecken
Die Illustrationen und Fotos laden zum Entdecken, Sprechen und Erzählen ein.

Silben automatisieren
Die Silbenschule trainiert das automatisierte Erfassen der Silben als Ganzheit. Beim Lesen wird gleichzeitig der Zeigefinger der Schreibhand in einem Bogen unter der Silbe mitgeführt. Das unterstützt die Augenbewegung von links nach rechts.

Schlüsselwörter lesen
Die Sprechblasen enthalten Schlüsselwörter mit den eingeführten Silben, Buchstaben und Ganzwörtern.

Sätze lesen
Erste sinntragende Sätze können mit einfachen Wort-Bild-Sätzen erschlossen werden.

Texte entdecken
In den Illustrationen befinden sich zum Teil Texte mit nicht eingeführten Buchstaben, in anderen Schriftarten und ohne zweifarbigen Silbentrenner. Diese Texte können durch den Kontext erlesen werden.

Über Lernen sprechen
Die vielfältigen Aufgabenangebote geben Anlass, sich über Lernstoff, Lernstand und Lernverlauf mit anderen auszutauschen.

Wörter schreiben
Neue und schwierige Wörter werden silbenweise mit zwei Farben aufgeschrieben, z. B. auf Karten für die 5-Fächer-Lernbox.

Lerntagebuch schreiben
Im Heft, einem individuellen Lerntagebuch oder dem beiliegenden Heft „Das kann ich schon!“ dokumentieren und bewerten die Kinder ihre Lernfortschritte.

So lerne ich – so lernen wir (Seite 4)

Jede Fibel-Doppelseite enthält ganzheitliche Übungsaufgaben zu den eingeführten Silben und Buchstaben, welche die Leseanfänger auf ihrem jeweiligen Lernstand fördern und fordern. Die Aufgabenformate ermöglichen eine differenzierte Bearbeitung in unterschiedlichen Sozialformen. Zu allen Übungsformaten zeigen kleine Filme die praktische Durchführung: www.abc-der-tiere.de/fibel-filme

Sprechen
Im Klassenverband oder in Partnerarbeit tauschen sich die Kinder über das Bild, das Thema und eigene Erfahrungen aus.

Lesen
Die Kinder lesen die Silben, Wort-Bild-Texte, Lesetexte und die Texte in den Illustrationen. Individuelle Stolperwörter, welche den Lesefluss hemmen, werden abgeschrieben und isoliert geübt.

Gebärdenlesen – ganzheitliche Verankerung von Graphem und Phonem
Die Gebärden dienen zur Festigung und zur eindeutigen Identifizierung einzelner Buchstaben. Mit den Gebärden werden Vokale, Konsonanten, Silben und Wörter gebildet, erlesen und gesprochen. Auf den Seiten 98 bis 101 befindet sich die Übersicht der Lautgebärden.

Silbenlauf – Automatisierung der Silbe
Der Silbenlauf ist eine ganzheitliche körperbetonte Übung. Als Material dienen Vokale und Konsonanten auf Papier, Holz o. Ä. Die Vokale liegen in einer „Straße“ am Boden. Auf dem linken Fuß des Kindes ist ein Konsonant befestigt, z. B. „m“. Das Kind stellt sich vor die Vokalreihe und setzt dabei immer den Fuß so links neben die Vokale, dass sich Silben ergeben. Diese Silben spricht das Kind deutlich und flüssig, z. B. „mu“, „mi“ etc.

Silbenklatschen – Silbenbewusstsein
Die Kinder sprechen Wörter und Sätze und klatschen synchron dazu die Silben.

Silbenkelle – Vokal-Analyse
Die „Silbenkelle“ ist eine ganzheitliche körperbetonte Übung in der Anfangsphase zu offenen Silben und zur Analyse der Vokale. Als Material können zwei Kellen, zwei Blätter Papier o. Ä. dienen. In der linken Hand hält ein Kind einen Vokal, in der rechten einen Konsonanten. Das Kind zeigt nun eine Silbe oder einen Vokal und ein oder mehrere andere Kinder sprechen die gezeigte Silbe oder den Vokal. Begonnen wird immer mit einer Silbe.

Silben fliegen hoch – Phonetische Ausgliederung der Silbe
„Silben fliegen hoch“ ist eine ganzheitliche körperbetonte Übung für die Anfangsphase nach dem Spiel „Alle Vögel fliegen hoch“. Hier sollen statt Vögeln Silben erkannt werden. Gesucht ist also z. B. die Silbe „mi“. Die Kinder sprechen und klatschen die Wörter, z. B. „Salami“. Bei der Silbe „mi“ gehen dann alle Hände hoch.

Sprachforscher – Sprache untersuchen
Die Kinder untersuchen Wörter und Sätze und entdecken Rechtschreibregeln, die Zeichensetzung und den Satzbau.

Schreiben mit und ohne Schreibtabelle (Beilage)
Mit der Schreibtabelle können die Kinder Schreibversuche mit noch unbekannten Buchstaben durchführen. Je nach Leistungsstand schreiben sie Wörter oder Texte.

Ich – Du – Wir (Seite 5)

Der methodische Dreiklang aus Einzelarbeit, Partnerarbeit und Gruppenarbeit kann zu vielen Themen durchgeführt werden. An ausgewählten Stellen ist das Modul als Vorschlag aufgeführt. Auch andere Aufgaben und Übungen können in Partner- und Gruppenarbeit durchgeführt werden.

Beilagen: Schreibtabelle, Lernstandsheft

Schreibtabelle mit Hinweisen zur Verwendung beim Lesen und Schreiben, Abschreibtechniken und einer Einführung in die Häuschenschreibweise.
Lernstandsheft zur Überprüfung des Lernstands mit Selbsteinschätzung.

Sprechsilben und Worttrennungen

Vokale als Sprechsilben sind farblich markiert (z. B. Eva, Ofen, Radio).

Weitere Informationen zur Silbenmethode auf: www.abc-der-tiere.de

1

ABC der Tiere

Die Silbenfibel®

Herausgegeben von
Klaus Kuhn

Erarbeitet von
Klaus Kuhn
Kerstin Mrowka-Nienstedt

Mildenberger

Sprechen – lesen – untersuchen – schreiben

Silben automatisieren

Schlüsselwörter lesen

Buchstaben und Wörter schreiben

Lerntagebuch schreiben

Verschiedene Arbeitsformen vorstellen
Begriffe Buchstabe – Laut – Silbe einführen

Bilder und Themen entdecken

Texte entdecken

Texte lesen

Über Lernen sprechen

Kompetenzbereich Sprechen und Zuhören

Kompetenzbereich Lesen

Kompetenzbereich Sprache untersuchen

Kompetenzbereich Schreiben

So lerne ich – so lernen wir

Zu den Übungen gibt es Videos unter:
ww.abc-der-tiere.de/fibel-filme

Differenzierung – Anforderungsniveaus

- • Anforderungsniveau 1
- •• Anforderungsniveau 2
- ••• Anforderungsniveau 3

Kompetenzorientierung

Sprechen und Zuhören

Silbenklatschen

Lesen

Sprache untersuchen

Silbenkelle

Gebärden (Einführung ⇢ S. 98 ff.)

Silben fliegen hoch

Silbenlauf

Schreiben mit der Schreibtabelle

in das Heft oder in das Lerntagebuch

Kompetenzbereich Sprechen und Zuhören

Kompetenzbereich Lesen

Kompetenzbereich Sprache untersuchen

Kompetenzbereich Schreiben

Ich – Du – Wir

1. Jedes Kind arbeitet auf seinem Niveau zum Thema.

Kreisendes Blatt – Reimen wie Lisa und Reiner

2. Die Kinder tauschen die Ergebnisse mit einem Partner/einer Gruppe aus.

3. Die Ergebnisse werden in der Gruppe/Klasse vorgestellt/besprochen.

- zum Bild erzählen
- Lautäußerung aus dem Kontext erschließen
- weitere Tiere und Lautäußerungen ⇢ Vorsatz

- Silbe mu in Sprechblasen
- Silben automatisieren
- Silbenbögen synchron mitschwingen

Gebärden einführen ⇢ S. 4
- mu, u

„Silbenkelle" einführen ⇢ S. 4
• Klinger/Selbstlaut u analysieren

••• Namen der Milchprodukte

Begriffe Starter (Mitlaut) – Klinger (Selbstlaut) einführen

Mi
mi

- Bild: Spiele im Kinderzimmer
- Name der Katze
- eigenes Spielen mit Haustieren

- Silben automatisieren
- Sprechblase Mimi
- Mimi unsilbiert; eigene Silbenpyramide

- mi, i
- Mimi

• Klinger/Selbstlaut i analysieren

•• Mimi, Mio, Mia
••• Namen aus der Klasse

•• Namen schreiben wir groß

• Geschichte von Momo erzählen: zuhören
• zum Bild erzählen
•• Namen aus dem Kontext erschließen

• Silben automatisieren
•• Namen in Sprechblasen
••• Silben im Sand nachspuren

„Silbenlauf" einführen ⇢ S. 4
• mo, mu, mi, mo, mu

- mo, o
- •• Mio, Momo

- Klinger/Selbstlaut o analysieren

„Silben fliegen hoch“ einführen ⇢ S. 4
- •• mi: Salami, Mikado ...
- •• mo: Lokomotive, Limo ...

Ma
ma

ma mu mi

ma ma mo mu

mi mo mu ma

- zum Bild erzählen
- Namen der Personen aus dem Kontext erschließen
- eigene Freizeitgestaltung

- Silben automatisieren
- Namen

- mo, ma, mi, mu, ma

Mama Mami
Mia Mio
Oma Omi

• ma, a
•• Mama, Oma ...

• Klinger/Selbstlaut a analysieren

•• ma: Tomate, Lama ...

Me me

me mu me

me mi me ma

ma me mi mo mu

• zum Bild erzählen
• Eichhörnchen Memo
••• Kartenspiele beschreiben

• Silben automatisieren
•• Namen

Memo Mia

Mama Mio

Mimi

• ma, me, mi, mo, mu

• me, e
•• Memo, Mimi ...

• Klinger/Selbstlaut e analysieren

La
la
...

la li le

la lo la lo

la le li lo lu

- Bild: Im Tierpark
- Info-Center: Lama
- mein Besuch im Tierpark

- Silben automatisieren
- Wörter

- la, le, li, lo, lu

La ma   Li lo

Li ma   li la

Li mo   Mu li

A
E
I
O
U
A
O
I
E
U

Mio male U

Mia male I

Oma male O

Mama male A

• zum Bild erzählen
•• Anlaute zu Tiernamen
••• Arbeiten mit dem Computer

• Großbuchstaben: Selbstlaute
•• Text

•• Tiernamen

- Bild: Im Zoo
- •• Tiere auf Weltkarte suchen ⇢ Nachsatz
- ••• weitere Zootiere nennen

- Silben automatisieren
- •• Namen in Sprechblasen; Text

- ta, te, ti, to, tu

Tila

Toto Timo

Lili male

Lili male Toto

• Bild: Am Morgen
•• mein Start in den Tag

• Silben automatisieren
•• Namen in Sprechblasen
••• Ganzwörter; Wort-Bild-Text

• ra, re, ri, ro, ru
inverse Formen:
• im, am, im, am, im

im

am

Mu li Ri a

Mu li Ri a im 

Sa sa …

sa so su se si

si sa so sa su

su si so sa su

Mi**a** ist am  . Ti**lo** ist am  .

Li**sa** ist am  .

- Bild: Besuch bei Imker Tilo
- •• Bienen – Honig
- ••• Bienen – Bestäubung

- Silben automatisieren
- •• Namen in Sprechblase
- ••• Ganzwort; Wort-Bild-Sätze

- sa, se, si, so, su

- •• su, u … sum
- ••• Salami, Susi …

ist

Mio ist am  .

Sara ist am  .

Susi ist am  .

Wi
wi
...

Wo
Wo ist
Wo ist Wito ?

• Bild: Rettungshund Wito
•• Was kann Wito?
••• Aufgaben von Rettungshunden

• wau; Silben automatisieren
•• Wörter in Sprechblasen
••• Ganzwörter; Wort-Bild-Satz; Sätze

• wa, we, wi, wo, wu

wau
los
Wito, los!
wau
Wito
Wo ist Uwe?
Uwe ist am .

Da
da
...
del

Mia ist am . Mama ist am .

Mio ist am . Doris ist im .

• Bild: Im Freizeitpark
•• über den Dudelsack sprechen
••• englische Begriffe aus dem Kontext erschließen

• geschlossene Silbe del
•• Silben automatisieren; Namen in Sprechblasen
••• Wort-Bild-Sätze; Sätze

Wo ist Doris ?

Mia : Da ist Doris !

• dol, del, dal, dul, dil

•• de, del ...
••• Doris ...

• Doppelpunkt
••• Sprachvergleich: Englisch – Deutsch

Na
na
...
len
sen

na nu ne

na ne ni no nu

len ten ren sen nen

• Bild: Alle malen
•• Bild: Wörter wohnen in Häuschen
••• Vergleich: Häuschen A – Häuschen B

• Silben automatisieren
•• malen, lesen, raten
••• Ganzwort; Wörter in Häuschen; Sätze

und

A
N a | m e — Name

A
N a | s e — Nase

A
N a | d e l — Nadel

B
W i n | t e r — Winter

Nina und Nena lesen.

Willi und Dana raten.

Maria und Mio malen.

• san, sen, son, sun, sin

•• len, sen
••• malen, lesen ...

„Häuschenschreibweise“ einführen ⇢ Kartonbeilage
• Reduktionssilbe (Garage): immer e
••• Häuschen A: offene Silbe; Häuschen B: geschlossene Silbe

Sch
sch
ü

Wir es sen in der Schu le

Scha sche Schu schi Scho

sche schen Schü Schüs

Scha le Schü ler

Schu le Schüs sel

Sche re Müs li

- Bild: Gemeinsames Frühstück
- Ernährungspyramide erklären
- gesundes Frühstück zusammenstellen

- Silben automatisieren
- Wörter Sch sch und Umlaut ü
- Namenwörter; Sätze

Tim und Martin essen Müsli.

Alle Schüler waschen:

Teller, Tassen und Messer.

• scha, sche, schu, schi, schü

•• sche, schen ...
••• Schule, Schüler ...

Begriff Umlaut einführen
• sch: 3 Buchstaben für einen Laut, Schule in Häuschen A
•• Großschreibung: Namenwörter; Doppelpunkt

Im Winter

Der Winter ist da.

Mia und Mio
rollen
den Schnee.

Das ist der ...

• Bild: Schneemann
•• Jahreszeit: Winter
••• Freizeit im Schnee

• Ganzwort
•• Text
••• S. 35 mit verteilten Rollen lesen

Wer ist das ?

Das ist der …

Was ist das ?

Das ist der …

Was ist das ?

Das ist der …

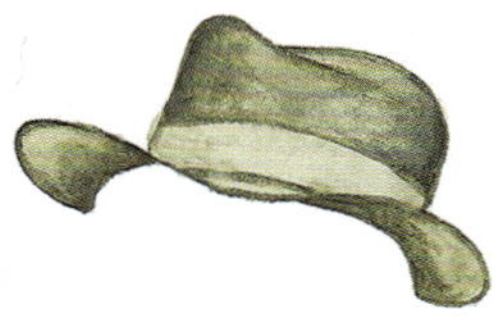

Was ist das ?

Das ist der …

• schal, schel, schil, schol, schul

•• sche, schne …
••• Schnee, Winter …

„Richtig abschreiben“ einführen ⇢ Kartonbeilage
•• Text S. 34 richtig abschreiben

Ei
ei

Lisa und Reiner reimen

Ei mei schei Rei lei

ei wei rei lei ein

Wir wollen reimen:

leise – Meise

Leiter – Reiter

- Bild: Reimen
- Blick in den Garten
- •• Reimpaare finden

- Silben automatisieren
- Wörter mit ei
- ••• Reimwörter mit Partner; Text

- schan, schen, schin, schon, schein

Wir reimen weiter:
Sei mal leise –
da ist eine Meise.

Lisa malt ein Nest.
Reiner rate!
1 2 3 – Was ist im Ei?

•• ei, schei ...
••• Reiner, leise ...

• Wörter mit Ei ei im Häuschen A
•• Begriffe Buchstabe – Laut vertiefen
•• Begriffe Selbstlaut – Mitlaut vertiefen

„Schreibtabelle" einführen → Kartonbeilage
••• mit Schreibtabelle eigene Reimwörter schreiben als Ich – Du – Wir → S. 5

In der Schule

ka ke kei ne

kla kle klei ne

kra kre kri kro krei

Kinder Krimi Karten

• Bild: Lesenacht
•• Mein Lieblingsbuch

• Silben automatisieren; Wörter mit Mitlaut K k
•• individuelle „Stolperwörter" üben
••• Text

Niki und Karin lesen Krimis.

Timo und Nena essen Kerne.

Sara und Kati kennen Karten.

ticke tacke ticke tacke

ticke tacke

• kra, kre, kri, kro, kru

•• kir, kri ...

••• Niki, Krimi ...

• Wörter mit den Buchstaben K k, ck richtig abschreiben

•• eigene Wörter mit K k im Anlaut

B b
ä

Am Abend

Ba be bu

Bra bre bri bro

Bla ble bli blu

bel ben ber bes

Brote Käse backen

Bastian und Lena backen.
Lena schneidet Brot
in Scheiben.
Bastian und Lena essen
das Brot mit Käse.
Kleine Brote sind lecker.

• bra, bre, bri, bro, bru

•• bar, bra ...
••• Brote, Braten ...

• Wörter mit den Buchstabe B b, ä richtig abschreiben
•• 2 Zeilen richtig abschreiben
••• eigene Wörter mit B b, ä

F f

Bei den Eskimos

Fa fe Fo fu fi

Fra fre Fro fru fri

Fla Fle flo Flu fli

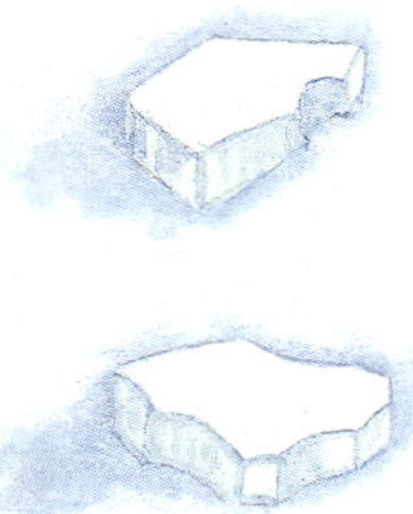

fischen fressen feiern

Futter Feste Flasche

- Bild: Leben der Eskimos (etymologisch: Schneeschuhflechter)
- Grönland auf Weltkarte suchen ⇢ Nachsatz
- Internetrecherche: Leben in Grönland

- Silben automatisieren; Wörter mit Mitlaut F f
- individuelle „Stolperwörter“ üben
- Text; Satz auswählen und vorlesen

Eskimos leben im Norden.

Fische wollen Futter fressen.

Eskimos fischen mit einer Schnur.

Alle Eskimos feiern ein Fest.

Fische schmecken fein.

• fra, fre, fri, fro, fru

•• fi, fri ...
••• Fisch, frisch ...

• Wörter mit Buchstabe F f richtig abschreiben
•• 3 Zeilen Text richtig abschreiben
••• eigene Wörter mit F

Au
au

Schule ist aus

aus	raus	Maus
schau	schlau	blau
schauen	bauen	klauen

Alle kommen aus der Schule.

- Bild: Schulschluss
- •• Gefahren, Konflikte besprechen
- ••• Aufgaben von Schülerlotsen

- Wörter mit Au au
- •• individuelle „Stolperwörter“ üben
- ••• Text; Vorlesen: Was tut Martin?

Was ist los?

Klaus schreit laut:

Au, au mein Daumen.

Der Daumen blutet.

Martin wickelt eine Binde

um den Daumen.

•• au, aus ...
••• Auto, Daumen ...

• Wörter mit Au au im Häuschen A

• Wörter mit Au au richtig abschreiben
•• Text S. 45 richtig abschreiben
••• eigene Wörter mit Au au

G g
h

Geister im Turm

Ga ge Gei go gau

git Geis gen gi gin

Gesa und Birgit warten
auf Georg und Gero.
Alle Kinder wollen das Fest
der Geister feiern.

• Bild: Geisterfest
•• Vorbereitungen für das Fest

• Silben automatisieren; Wörter mit G g und h
•• individuelle „Stolperwörter“ üben
••• Ganzwort; Text

• ga, gei, gi, gau, gu

Die Eltern kommen gerade.

Da beginnt der Reigen.

Alle Geister rufen:

hui – hui, hui – hui.

Gesa und Gero geistern

hin und her.

Bald gehen alle heim.

•• ge, gei ...
••• Gesa, Geister ...

• Satzanfang: Großschreibung „Die“

• Wörter mit G g, h richtig abschreiben
•• Abschnitt auswählen, richtig abschreiben
••• eigene Wörter mit G g, h

Im Riesenland

Riese	Rieke	Riebu
Wiese	Tiere	Wiege

Rieke liegt im Bett.
Auf einmal kann sie fliegen.

Rieke landet auf der Insel
des Riesen Riebu.
Was ist da los?

• Bild: Riekes Traum
•• Gefühle im Traum

• Wörter mit ie und Umlaut ö
•• individuelle „Stolperwörter“ üben
••• Text; Abschnitt vorlesen

Riesige Tiere sind
auf einer Wiese.
Riebu füttert die Tiere.

Frau Riebu schaukelt
das Kind in der Wiege.

Da rasselt der Wecker.
Das war ein schöner Traum.

• ie in der offenen Silbe: Häuschen A

• Wörter mit ie richtig abschreiben
•• ie-Wörter ins Häuschen A schreiben
••• eigene Wörter mit ie

P p
Pf pf

Panne

Pa pa   Pau la   Pe ter   Pan ne

pfei fen   klap pern   Rau pe

Papa, Mama, Paula und Peter
sind mit dem Auto unterwegs.
Auf einmal klappert es.
Sie haben eine Panne.
Papa ruft die Pannenhilfe an.

- zum Bild erzählen; „Panne“ aus Kontext erschließen
- •• Insekten auf S. 51
- ••• Entwicklungsstadien: Falter

- Wörter mit P p, Pf pf
- •• zusammengesetzte Namenwörter üben
- ••• Text; Bildunterschriften: Fachausdrücke

Eier

Raupe

Puppe

Falter

Paula und Peter sehen
einen Ameisenhaufen.
Wespen schwirren umher.

Kleine Raupen krabbeln
an grünen Blättern.

Auf einmal pfeift Peter und ruft:
„Da kommen die Pannenhelfer."

•• pa, pe ...
••• Panne, pfeifen ...

• Anführungszeichen

• Wörter P p, Pf pf richtig abschreiben
•• Text S. 51 richtig abschreiben
••• eigene Wörter mit P p, Pf pf

H h
ß

Der Hase und der Igel

Einmal traf der Igel einen Hasen und grüßte:

„Guten Morgen!“

„Du hast aber kleine Füße!“

„Wollen wir um die Wette laufen?“

„Ein Taler – die Wette gilt!“

„Warte ein wenig. Die Sonne brennt so heiß.“

Er lief heim und sagte:

„Frau, der Hase will mit mir um die Wette laufen.“

Der Igel schickte die Igelfrau
an das untere Ende des Ackers.
Wenn der Hase erscheint, soll sie rufen:
„Bin schon da!“

- Fabel wird von Lehrkraft erzählt: konzentriert zuhören
- Bild: Wettlauf
- Welche List wendet der Igel an?

- Wörter mit H h im Anlaut, ß-Wörter
- individuelle „Stolperwörter“ üben
- Text mit verteilten Rollen lesen

Der Igel trippelte wieder an das obere Ende
des Ackers und der Hase fragte ungeduldig:

„Können wir mit dem Wettlauf beginnen?“

„Na klar, fertig – los!“

Der Hase sauste wie der Wind den Acker hinunter.
Der Igel lief nur drei Schritte. Die Igelfrau rief:

„Bin schon da!“

Der Hase lief wieder den Acker hinauf.
Der Igel rief:

„Bin schon da!“

Der Hase lief immer hin und her.
Seine Ohren wurden heiß.
Seine Nase wurde weiß und er fiel müde um.
Der Igel erhielt den Taler und trippelte heim.

••• Hase, hin, her ...

• Wörter mit H h abschreiben
•• letzten Abschnitt S. 53 richtig abschreiben

Ich: eine Rolle auswendig lernen
Du: mit Partner einüben
Wir: Fabel szenisch spielen

Tiger in Indien

Krach   machen   bewachen

nach   auch   Rauch   fauchen

schleichen   weichen   berichten

Oma Ines und Opa Richard
berichten über die Reise
nach Indien.

- Bild: Reiseerlebnisse
- Tiger auf Weltkarte suchen → Nachsatz
- Internetrecherche: Tiger in Indien

- Wörter mit ch
- individuelle „Stolperwörter" üben
- Ganzwort; Text; Abschnitt vorlesen

Feuer

Wir haben Tiger gesehen.
Wir haben keinen Krach gemacht.

In der Nacht bewachen
die Hirten die Herden.
Sie machen ein Feuer.
Tiger mögen das Licht
und den Rauch nicht.

Achim sagt:
„Wir wollen auch einmal
nach Indien reisen.“

Ä ä

Ferien auf dem Bauernhof

Bärbel und Ben machen Ferien
auf dem Bauernhof.

Was ist das?

In einem Nest liegen
fünf kleine Kaninchen.
Der Bauer erklärt:
„Sie müssen noch
bei der Häsin bleiben.“

Kaninchen im Nest

• Bild: Ferienerlebnis
•• eigene Haustiere

Drei Wochen sind um.
Bärbel und Ben suchen
ein kleines Kaninchen aus.
Das kleine Kaninchen
bekommt täglich Salatblätter.

Kaninchen 6 Wochen alt

• Wörter mit Umlaut Ä ä
•• individuelle „Stolperwörter" üben
••• Text; Bildunterschriften; Leseverständnis: Was wollen die Kinder bauen?

• Wörter mit Ä ä richtig abschreiben
•• Text S. 57 richtig abschreiben
••• ein Haustier beschreiben und malen

St st
Sp sp

Störche

Ste fan   Stör che   ste hen
spre chen   Spät som mer

Die Störche sind wieder da.
Sie klappern laut mit den Schnäbeln.
Bald schlüpfen drei Storchenkinder aus.
Sie werden schnell groß.

• Bild: Störche
•• Webcam: Jungstörche beobachten
••• Globus: Flugrouten besprechen

• Wörter mit St st, Sp sp
•• individuelle „Stolperwörter“ üben
••• Text; Bildunterschrift; Leseverständnis: Warum fliegen Störche nach Afrika?

Im Spätsommer bilden
die Störche große Schwärme.
Sie überwintern in Afrika.
Dort finden sie Futter.

Stefan und Susanne sprechen
oft über Störche.
Werden sie wiederkommen?

Flugrouten der Störche

••• Storch, Spanien ...

• Wörter mit St st, Sp sp richtig abschreiben
•• einen Abschnitt richtig abschreiben
••• eigene Wörter mit St st, Sp sp

Ich: Stichwörter: wie Störche leben
Du: mit Partner vergleichen
Wir: in der Klasse berichten

Im Zoo

Zoo Zaun Zeit zum
Zebra Ziege zittern
zurück Schlafanzug

Mia und Mio gehen zum Streichelzoo.
Alle Ziegen kommen an den Zaun.
Mia hält ein Kaninchen im Arm.
Es zittert.

- • Bild: Zoobesuch
- •• Streichelzoo
- •• Wildtiere auf Weltkarte suchen ⇢ Nachsatz

- • Wörter mit Z z
- •• individuelle „Stolperwörter“ üben
- ••• Text; Bildunterschriften; Leseverständnis: Wohin gehen die Kinder zuerst?

Mio ruft: „Schau, da sind Pferde
im Schlafanzug!"
Mia lacht und sagt:
„Das sind doch Zebras!"

Zebra

Schimpanse

Danach beobachten Mio und Mia
die Menschenaffen.

Löwe

Mio will noch die Löwen anschauen.
Mia besucht die Krokodile.

Krokodil

Nun ist die Zeit um.
Sie gehen nach Hause zurück.

••• Zoo, Zaun ...

• Wörter mit Z z richtig abschreiben
•• einen Abschnitt S. 61 richtig abschreiben
••• ein Wildtier beschreiben und malen

ai
tz

Das Kinderfest

Moritz und Aisu wohnen beide
im selben Haus.

Bald ist ein großes Kinderfest.

Aisus Papa macht gerne Musik
auf einem Saiteninstrument.

Moritz will auf dem Stuhl sitzen und zuhören.

Die Kinder lernen ein Tanzlied.
Aisu kennt das Lied auch
in türkischer Sprache.

- Bild: Türkisches Tanzlied
- •• Internetrecherche: Oud, Hörbeispiele
- ••• Internetrecherche: Sap-sap-klapp-klapp-Tanz

- Wörter mit ai, tz
- •• individuelle „Stolperwörter“ üben; Text
- ••• Liedtext und Tanzanweisung; Choreografie verstehen und umsetzen

Sap-sap-klapp-klapp-Tanz

Text und Melodie: volkstümlich

Aisu erklärt:

Immer zwei Kinder bilden ein Paar.

Bei ‚sap sap sap' klatscht ihr in die Hände.

Bei ‚bir saga, bir sola' geht ihr einmal einen Schritt nach rechts und dann links.

Bei ‚rap rap rap' stampft ihr auf den Boden.

Bei ‚dans edelim kol kola' hakt ihr euch mit den Armen ein und hüpft im Kreis herum.

••• Moritz, sitzen ...

• Sprachvergleich: Türkisch – Deutsch

• Wörter mit ai, tz richtig abschreiben
•• Abschnitt S. 62 richtig abschreiben
••• Lied in Silben zweifarbig abschreiben

ng
nk

Lena im Rollstuhl

Lena muss im Rollstuhl sitzen.
Sie kann nicht alleine gehen und
springen wie andere Kinder.

Lena in der Wohnung

Lena im Park

In der Wohnung kann Lena
selbst fahren.
Auf der Straße und im Park
schiebt Papa den „Rolli“.

Lena ist oft allein.
Manchmal ist sie traurig.
Dann liest sie Bücher oder
schaut die Lieblingsserie an.

Lena liest ein Buch.

• Bilder: Lena im Rollstuhl
•• was Lena kann – nicht kann
••• Menschen mit Handicap

• Wörter mit ng, nk
•• Abschnitt vorlesen
••• Text; Bildunterschriften; Leseverständnis: Warum ist Lena traurig?

In der Schule sind die
Kinder sehr nett.
Die Lehrerin und die Schüler
schieben Lena über eine Rampe.

Lena fährt auf der Rampe.

Alle helfen Lena.

Alle helfen Lena.
Susi sucht den Ring.
Lena will etwas trinken.
Ali bringt ein Glas mit Wasser.

Lena spielt Flöte.
Alle singen und tanzen.
Später fahren die anderen Kinder
mit dem Rolli.

Lena spielt Flöte.

••• singen, Finger ...

• klingt unterschiedlich: sinken – singen

• Wörter mit ng, nk richtig abschreiben
•• Abschnitt S. 64 richtig abschreiben
••• Wie helfen die Kinder Lena?

J j

Der Jaguar

ja jagen jeder

Jaguar Jungen Jäger

Der Jaguar lebt in Südamerika.
Er ist stark und
hat ein kräftiges Gebiss.
Er jagt große Beutetiere.

Es gibt auch Jaguare
mit schwarzem Fell.
Die Jungen können
eine normale Fellfarbe haben.

- Bild: Jaguar
- •• Beutetiere nennen
- •• Jaguar auf Weltkarte suchen ⇢ Nachsatz

- Wörter mit J j
- •• Beutetiere; Text
- ••• Bildunterschriften: Steckbrief

Beutetiere

Körperbau	sehr kräftig
Schulterhöhe	70 Zentimeter
Gewicht	bis 150 Kilogramm
Gebiss	sehr kräftig
Fellmuster	große Rosetten
Fellfarbe	gelb, schwarz, weiß
Junge	meist 2
Lebensraum	Südamerika
Beutetiere	Hirsch, Tapir, Kaiman, Wasserschwein

Hirsch

Tapir

Kaiman

Wasserschwein

Eu
eu

Schleiereule

Eulen jagen in der Nacht

Die Kinder machen einen Ausflug mit dem Förster.
Hinter einer Scheune ruft Eugen:
„Da liegen kleine Bällchen!“

Der Förster erklärt:
„Das ist ein Gewölle.“
Er zupft ein Bällchen auseinander.
Eugen sagt:
„Da sind ja kleine Knochen.“

Gewölle

kleine Knochen

- Bild: Eule
- • Beutetiere der Eule
- •• weitere nachtaktive Tiere nennen

- Wörter mit Eu eu
- • individuelle „Stolperwörter“ üben; Text
- •• Bildunterschriften; Internetrecherche: Eulen; Leseverständnis: Was ist ein Gewölle?

Eulen schlingen kleine Tiere
ganz hinunter.
Fell und Knochen werden ausgespuckt.

Eugen fragt: „Wo ist die Eule?“
Der Förster antwortet:
„Am Tag sitzt sie in der Scheune.
Eulen sind scheue Tiere.“

Beutetiere:

Falter

Frosch

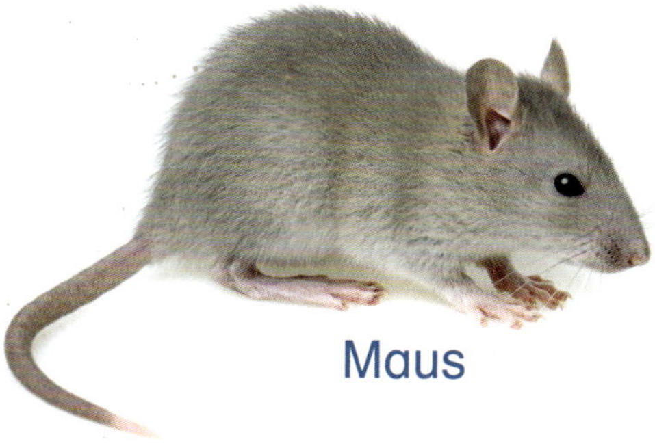

Maus

Blindschleiche

••• Eule, Beute ...

• Wörter mit Eu eu richtig abschreiben
••• Steckbrief: Schleiereule

Vogelnest im Garten

Eva und Vater sind im Garten.
Sie haben ein Vogelnest entdeckt.
Die vier Vogelkinder sind noch nackt und blind.
Sie sperren die Schnäbel weit auf.
Der Amselvater füttert sie.

Vogelnest

- • Bilder: Vogelnest, Katze
- •• Beutetiere der Amsel
- ••• Internetrecherche: Singvögel im Garten

- • Wörter mit V v
- •• individuelle „Stolperwörter“ üben; Text
- ••• Bildunterschriften; Leseverständnis: Was fressen die Vogeljungen?

Beutetiere:

Raupe

Wurm

Die Vogeleltern bringen
viele Raupen, Würmer und Käfer.
Bald öffnen die Jungen die Augen.
Nach und nach bekommen sie Federn.
Eines Tages ist es so weit:
Sie verlassen das Nest.

Käfer

Vater sagt zu Eva:
„Kater Mikesch muss
im Haus bleiben!“

Kater Mikesch

Was Tiere träumen

Es träumt ein kleines Krokodil,
es liegt im Sand am großen Nil.
Auf einmal hat es Flügel
und fliegt auf einen Hügel.

Es träumte mal im grünen Gras
ein kleiner brauner Osterhas,
er könnte Eier legen.
Die Henne sprach: Von wegen!

- zu den Bildern erzählen
- ••• Was könnten die Tiere träumen?

- Wörter mit äu
- •• individuelle „Stolperwörter" üben; Strophen
- ••• eine Strophe üben und betont vortragen

Auch Schafe haben Träume,
sie schweben über Zäune,
zu Kräutern auf den Weiden,
das können Schafe leiden.

Es träumte ein Mäuschen,
es wäre ein Läuschen
und säß' im Fell des Löwen.
So sind Träume eben.

•• wir leiten ab: träumen von Traum
•• weitere Wortpaare: Laus – Läuse ...

• Wörter mit äu richtig abschreiben
••• Reimwörter aufschreiben

Ich: eigene Traumstrophe schreiben
Du: mit Partner vergleichen
Wir: in der Klasse vortragen

Qu qu

Die Frösche quaken

Evas Eltern haben
einen Gartenteich.
Aus einer Quelle fließt
Wasser hinein.

Eva beobachtet oft
die Libellen und Goldfische.
Am Abend hört Eva
die Frösche quaken.

- Bild: Frösche
- •• Tiere im und am Gartenteich
- ••• Entwicklungsstadien der Frösche

- Wörter mit Qu qu
- •• individuelle „Stolperwörter“ üben; Text
- ••• Bildunterschriften; Leseverständnis: Warum quaken Frösche?

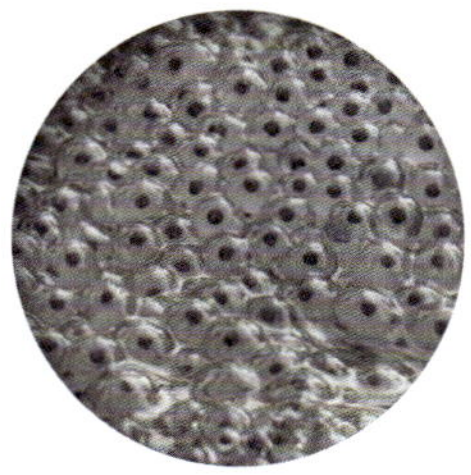
Laich

Kaulquappe

Frosch

Die Froschmännchen haben Schallblasen.
Mit diesen Blasen können sie laut quaken.
So locken sie die Weibchen an.

Die Weibchen legen viele Froscheier.
Bald schlüpfen die Kaulquappen aus.
Später werden kleine Frösche daraus.

••• Quelle, quaken ...

• Wörter mit Qu qu richtig abschreiben
•• Abschnitt richtig abschreiben

Ich: Entwicklung der Frösche beschreiben
Du: mit Partner vergleichen
Wir: in der Klasse berichten

Y y

Auf dem Ponyhof

Maya hat heute Geburtstag.
Sie ist nun sieben Jahre alt.

Mama schenkt ihr einen Teddy.
Von Papa bekommt Maya eine Reitkarte
für zehn Reitstunden.

Nach der Schule kommen Sibylle und Hanny zur Party.

Maya bläst die Kerzen aus.

- Bilder: Geburtstag, Ponyhof
•• meine Geburtstagsparty

- Wörter mit Y y
•• individuelle „Stolperwörter" üben; Text
••• Bildunterschriften; Leseverständnis: Welches Pony gefällt Maya?

Dann gehen alle gemeinsam zum Ponyhof.

Maya gefällt ein weißes Pony.
Henry hebt Maya auf das Pony.
Sie darf einige Runden im Schritt reiten.

Auf dem Heimweg sagt Maya:
„Ponyreiten ist ein schönes Hobby.“

Maya darf einige Runden reiten.

••• Pony, Maya ...

•• wir hören i, wir schreiben y: Pony, Handy ...
•• wir hören ü, wir schreiben y: Pyramide, Olympia ...
•• wir hören j, wir schreiben y: Yak, Yoga ...

• Wörter mit Y y richtig abschreiben
••• eigenes Hobby

Clowns im Zirkus

Der Zirkus ist da.
Cornelia, Claudia und Nico
besuchen die Vorstellung.

Auf der Wiese steht ein Cowboy
mit vier braunen Pferden.

- Bild: Zirkus
- •• weitere Zirkusnummern nennen

- Wörter mit C c
- •• individuelle „Stolperwörter" üben; Text
- ••• Abschnitt üben und vorlesen; Leseverständnis: Wer tritt zuerst auf?

Sax

Saxofon

Zuerst sind die Clowns dran.
Sie haben Schminke im Gesicht.

Piccolo spielt auf der Flöte.
Sax bläst auf dem Saxofon.
Co schlägt die Trommel.
Bei jedem Schlag spritzt Wasser
auf die Zuschauer.
Sie rufen: „Bravo, bravo!“

••• Nico, Clown ...

•• wir hören K k, wir schreiben C c: Clown, Comic ...
•• Kennst du weitere Wörter mit C c?

• Wörter mit C c richtig abschreiben
•• S. 78 Abschnitt richtig abschreiben
••• Mein Besuch im Zirkus

X x
chs

Hexe Trixi

Trixi will eine Hexe werden.
Sie kann sechs Zaubersprüche.
Trixi kauft einen Besen
beim Besenbinder Xaver.

Trixi will wie Abraxas fliegen.
Sie spricht den Zauberspruch:
„Klix und klax – fix und fax,
Xavers neuer Besen – bist du nun gewesen!“

- Bild: Hexe Trixi
- •• Hexen und Feen in Märchen
- ••• Wo kommt die gute Hexe Befana vor? ⇢ S. 94

- Wörter mit X x
- •• individuelle „Stolperwörter“ üben; Text
- ••• Abschnitt üben und vorlesen; Leseverständnis: Was mixt Trixi?

Trixi saust auf dem Besen
durch die Luft.

Abraxas schreit:
„Aufpassen, der Kirchturm!“
Trixi lenkt den Besen
über die freien Felder.

Sie landet vor dem Hexenhaus.
Trixi sagt: „Fliegen macht durstig.
Ich mixe uns zwei Becher Hexenlimo!“

Die Bremer Stadtmusikanten

Es waren einmal ein Esel, ein Hund,
eine Katze und ein Hahn.
Sie hatten viele Jahre den Menschen treu gedient.
Nun waren sie alt und schwach.

Deshalb machten sie sich auf den Weg nach Bremen.
Dort wollten sie Stadtmusikanten werden.

Am Abend kamen sie in einen großen Wald.
In der Ferne sahen sie ein Haus.

Der Esel schaute zum Fenster hinein.
Am Tisch saß eine Räuberbande.
Die Räuber aßen, tranken und sangen laut.
Die Tiere wollten sie verjagen.

Der Esel stellte sich mit den Vorderhufen
auf das Fensterbrett.
Der Hund sprang auf seinen Rücken.
Die Katze kletterte vorsichtig auf den Hund.
Der Hahn flog auf die Katze.

Dann begannen alle zu schreien:
„Ia – wauwau – miau – kikeriki!“

••• Märchen vorlesen – konzentriert zuhören
•• Warum verlassen die Tiere ihre Heimat?
••• weitere Märchen mit Tieren nennen

•• individuelle „Stolperwörter“ üben; Text
••• Abschnitt üben und vorlesen

Die Tiere brüllten immer lauter.
Ihre Augen leuchteten in der Dunkelheit.
Der schaurige Anblick ließ die Räuber erstarren.
Sie flüchteten in den dunklen Wald hinaus.

Die vier Musikanten feierten ihren Sieg.
Sie stillten ihren Hunger und legten sich schlafen.

Die Bremer Stadtmusikanten blieben dort bis an ihr Lebensende.

Feste und Bräuche im Jahreskreis

• Jahreszeiten besprechen
•• typische Bräuche und Feste nennen

Osterbräuche

Der Brauch des Feuers im Frühling ist schon sehr alt.
Im 8. Jahrhundert haben ihn die Christen übernommen. Das helle Feuer erstrahlt in der dunklen Nacht.
Es ist ein Hinweis auf Jesus, das Licht der Welt.

Das Ei galt schon lange als Zeichen der Fruchtbarkeit und des neuen Lebens.
Seit der Ritterzeit gibt es bei uns gefärbte Ostereier.

Hasen bekommen sehr viele Junge.
Deshalb sind auch sie ein Zeichen für neues Leben.
Seit etwa 400 Jahren wird der Hase in Deutschland als Eierbringer angesehen.

- Vorlesen – konzentriert zuhören
- Leseverständnis: Seit wann gibt es farbige Ostereier?
- Leseverständnis: Warum ist der Hase ein Zeichen für neues Leben?

Ostergedicht

Osterhäschen, groß und klein,
tummeln sich am Hasenheim,
müssen tanzen, hopsen, lachen
und dazwischen Männchen machen.
Heute wollen wir noch springen
und den Kindern Eier bringen:

rote, gelbe, braune, graue,

bunte, grüne, himmelblaue.

Keiner kriegt was, der uns sieht:
Das ist unser Hasenlied.

••• Vorlesen – konzentriert zuhören
•• zwei Zeilen vorlesen – chorisch nachsprechen

Ich: Gedicht auswendig lernen
Du: mit Partner überprüfen
Wir: in der Klasse auswendig vortragen

Meine Mutter

Von allen Müttern auf der Welt
ist keine, die mir so gefällt
wie meine Mutter, wenn sie lacht,
mich ansieht oder gar nichts macht.

Auch wenn sie aus dem Fenster winkt
und mit mir rodelt, mit mir singt
und nachts in Ruhe bei mir sitzt,
wenn's draußen wettert, donnert, blitzt,
und wenn sie sich mit mir versöhnt,
und wenn ich krank bin mich verwöhnt –
ja, was sie überhaupt auch tut,
ich mag sie immer, bin ihr gut.

Und hin und wieder wundert's mich,
dass wir uns fanden – sie und ich.

Rosemarie Neie

••• Vorlesen – konzentriert zuhören
•• zwei Zeilen vorlesen – chorisch nachsprechen

Ich: 2 Zeilen auswendig lernen
Du: mit Partner überprüfen
Wir: 7 Kinder – jedes Kind trägt zwei Zeilen vor

MUTTERTAG

Zum Muttertag

Dabei möchte ich dir helfen,
damit du Zeit für dich hast.

Ich hab dich lieb!
Stefan

Bastelseite zum Muttertag:

So wird's gemacht:

- Schneide mit einer Schere einen Blumenstängel aus.
- Schneide einen Kreis und Blütenblätter aus und beschrifte sie.
- Klebe die Blütenblätter mit einem Klebepunkt an den Kreis.

Fertig ist der „Gutschein"!

Die Gäste der Buche

1

Mietegäste vier im Haus
hat die alte Buche.
Tief im Keller wohnt die Maus,
nagt am Hungertuche.

2

Stolz auf seinen roten Rock
und gesparten Samen
sitzt ein Protz im ersten Stock;
Eichhorn ist sein Namen.

3

Weiter oben hat der Specht
seine Werkstatt liegen,
hackt und zimmert kunstgerecht,
dass die Späne fliegen.

4

Auf dem Wipfel im Geäst
pfeift ein winzig kleiner
Musikante froh im Nest.
Miete zahlt nicht einer.

Rudolf Baumbach

••• Lebensraum Baum

••• Vorlesen – konzentriert zuhören
••• Leseverständnis: Wer wohnt in der Buche?

Herbstwind

Ein Herbstwind tanzt durch alle Bäume.
Sssssssssss, Sssssssss, Sssssss …
Die Bäume wiegen sich und wogen,
nach links, nach rechts, nach vorne und nach hinten …

Der Wind wird immer stärker und pfeift durch alle Bäume.
Pfffffffff, Pffffffff, Pfffffff …
Die Bäume wippen und sie wappeln,
nach links, nach rechts, nach vorne und nach hinten …

Jetzt kommt ein Sturm und schießt durch alle Bäume.
Tsch-tsch, Tsch-tsch, Tsch-tsch …
Die Bäume verbeugen sich, die Äste knicken,
nach links, nach rechts, nach vorne und nach hinten.

Monika Minder

Vortrag mit Sprechlauten und Bewegung

Ihr könnt die zweite Zeile jeder Strophe besonders laut aufsagen und mit Bewegungen der Arme und des Oberkörpers begleiten.
Mit jeder Strophe bläst der Herbstwind immer heftiger und die Geräusche werden immer lauter.
Die Arme bewegen sich immer wilder nach oben und unten.
Der Oberkörper beugt sich nach allen Seiten wie die Bäume im Sturm.

•• das Wetter im Herbst
•• Aktivitäten im Herbst

••• Vorlesen – konzentriert zuhören
••• 1 Sprecher – Klasse bewegt sich

Ich: Gedicht und Bewegungen lernen
Du: mit Partner üben
Wir: alle sprechen und bewegen sich

Die Weihnachtsgeschichte

Im Krippenspiel wird die Weihnachtsgeschichte
dargestellt. Sie steht in der Bibel
und erzählt die Geburt Jesu im Stall.
Das Krippenspiel wird in der Kinderkirche oder
der Schule aufgeführt.
Jeder kann mitmachen.

•• Weihnachtsgeschichte
••• Welche Figuren stehen in einer Krippe?

••• Vorlesen – konzentriert zuhören

Was damals geschah:

Maria und Josef legten das Kind
in eine Krippe.

Engel spielten auf ihren Instrumenten
und verkündeten den Hirten die Geburt.
Die Hirten kamen in den Stall.

Die drei Könige folgten dem Stern
und beschenkten das Kind.

Weihnachten bei uns und anderswo

Hej, ich heiße Ole und wohne in Stockholm. Wir feiern am 13. Dezember das Fest der heiligen Lucia. Bei einem Umzug tragen die Mädchen weiße Kleider. Die Lucia hat eine Lichterkrone auf dem Kopf. Wir singen das Lied „Santa Lucia“.

Ciao, ich bin Maria und komme aus Italien. Das „Bambinello Gesu“ legen wir am 24. Dezember in die Krippe. Am 6. Januar bringt die gute Hexe Befana den braven Kindern Geschenke.

••• Weihnachtsbräuche
••• Grüße aus dem Kontext erschließen

••• Vorlesen – konzentriert zuhören
•• Leseverständnis: Wer bringt in Italien die Geschenke?
•• Leseverständnis: Welches Fest feiert Eske?

Hallo, ich heiße Maximilian und wohne
in Leipzig. Am 6. Dezember besucht uns
der heilige Nikolaus. Er trägt einen
Mantel und eine rote Bischofsmütze.
In einem Sack hat er die Geschenke
für die Kinder. Am 24. Dezember
feiern wir die Geburt Jesu
unter dem Weihnachtsbaum.

Merhaba, ich heiße Eske.
Meine Eltern und ich sind Moslems.
Oma und Opa leben in der Türkei.
Wir feiern Weihnachten nicht.
Am Ende des Fastenmonats
feiern wir „Seker Bayrami“,
auf Deutsch „Zuckerfest“. Die Kinder
erhalten Süßigkeiten und Geschenke.

• Sprachvergleich: Schwedisch – Italienisch – Deutsch – Türkisch

Wir schreiben einen Wunschzettel

In der Zeit vor Weihnachten steigt die Spannung.
Alle Kinder hoffen, dass ihre Wünsche in Erfüllung gehen.
Sie schreiben Wunschzettel an das Christkind,
an den Weihnachtsmann oder an den Nikolaus.

Liebes Christkind,
ich wünsche mir:
- ein Kuscheltier
- Schlittschuhe
- einen Goldhamster

Danke
Lara

Wunschzettel

Oma soll gesund werden.

von Felix

Lieber
Weihnachtsmann,
ich wünsche mir
einen Malkasten,
Turnschuhe
und ein Piratenbuch.

Alexander

• Wunschzettel

••• Vorlesen – konzentriert zuhören
•• Leseverständnis: Wer wünscht sich was?

• Wunschzettel malen
••• Wunschzettel schreiben

Wir schreiben eine Einladung

Julia und Marc wollen ihren Geburtstag mit ihren Freunden und Freundinnen feiern. Damit es recht lustig wird, haben sie sich ein Motto für die Feier ausgedacht.

• Einladung

••• Vorlesen – konzentriert zuhören
•• Leseverständnis: Wer lädt zu was ein?

• Vorlage abschreiben, Namen und Datum anpassen
••• Einladung schreiben und malen

Übersicht der Lautgebärden

Die Lautgebärden schlagen die Brücke zwischen dem Buchstaben und dem Laut. Sie ermöglichen eine eindeutige Identifizierung der Konsonanten, ohne – wie in der Silbenmethode gefordert – ihre „Namen“ zu Beginn bekannt zu geben.

Für die Lautgebärden im ABC der Tiere waren folgende Überlegungen ausschlaggebend:
- die optische Entsprechung, z. B. bei x, z
- die Richtung, z. B.: Auf welcher Seite des „a“ ist der Balken?
- der Artikulationsort, z. B. bei g, l
- die Artikulationsdynamik, z. B. bei p, t
- weitere eindringliche Assoziationen, z. B. bei au, ch

Diese Zusammenstellung von Gebärden wurde von dem Autorenteam entwickelt und wird seit Jahrzehnten erfolgreich eingesetzt. Für manche Kinder kann es hilfreich sein, die Gebärden gemeinsam mit dem Lehrer vor einem Spiegel zu trainieren, um die Mundstellung direkt zu sehen und zu besprechen.

Um eine Silbe mit Lautgebärden anzuzeigen, werden die Gebärden kombiniert. Dabei ist zu beachten, dass die Silbe immer als Ganzes gesprochen wird und nicht einzelne Buchstaben lautiert werden, also: zuerst die Silbe gebärden, dann die Silbe sprechen. Die Umlaute ä, ö, ü werden gebärdet, indem nach der Gebärde für a, o oder u mit dem Zeigefinger zwei Punkte in die Luft gesetzt werden.

Weitere Informationen zu den Gebärden mit einer animierten Präsentation unter: www.abc-der-tiere.de/gebaerden

a

Beide Hände bilden ein a.
Rechte Hand ist der Balken.
Assoziation:
Schreibrichtung von
links nach rechts:
Das a hat den Balken rechts.
(Lehrer spiegelbildlich)

au

Eine Hand umschließt den
Daumen der anderen Hand.
Assoziation:
„Au, mein Daumen!“

b

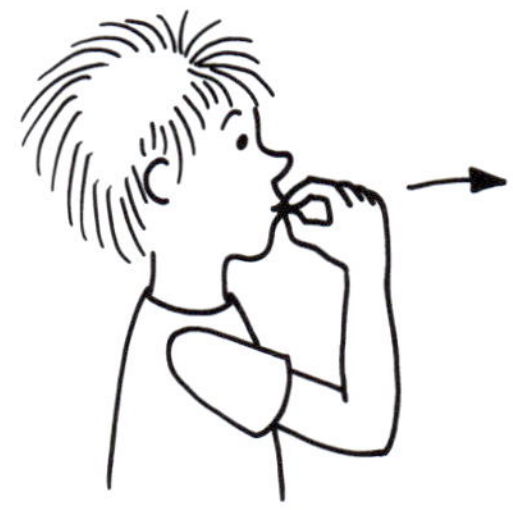

Finger und Daumen berühren
sich vor den geschlossenen
Lippen. Beim Sprechen
bewegen sie sich leicht vom
Mund weg.

ch

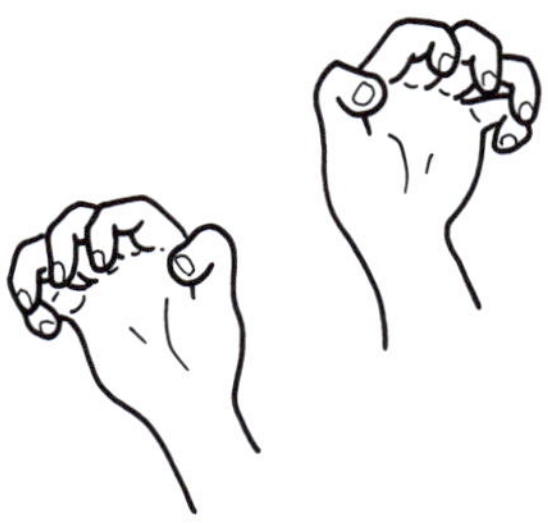

Hand wird zur Katzenkralle
gekrümmt.
Assoziation:
ch fauchen die Katzen.

d

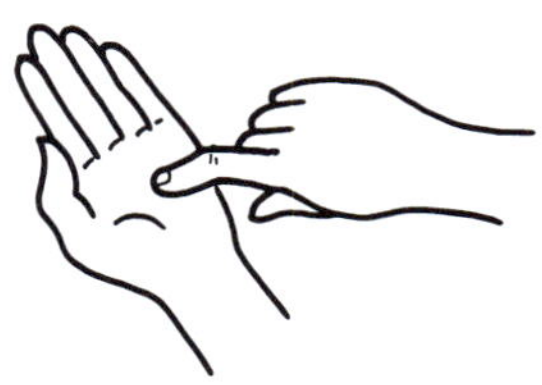

Zeigefinger tippt leicht in den
Handteller.
Assoziation:
Zunge drückt leicht gegen
den Gaumen.

e

Daumen und Zeigefinger werden
an die Mundwinkel angelegt.
Assoziation:
Daumen-Zeigefinger-Spanne
greift den Querstrich des e ab.

ei

Streichelbewegung an
der Wange.
Assoziation: Ein Baby
streicheln; „ei – ei!“

eu

Hände wie ein Fernglas
vor den Augen.
Assoziation:
So schaut die Eule.

f

Zeigefinger wird gegen die
Unterlippe gedrückt.
Assoziation:
Das f wird über
den Finger gepustet.

g

Daumen und Zeigefinger
werden geschlossen an den
Kehlkopf gelegt.
Assoziation:
Hier entsteht das g;
Hand bildet den „Kopf“ des g.

h

Innere Handfläche wird
angehaucht.
Assoziation:
h wie hauchen.

i

Zeigefinger unter das
Kinn – Zeigefinger tippt
auf den Kopf.
Assoziation:
Das i hat ein Pünktchen.

j

Arm über Kopf strecken
und Hand abwinkeln.
Assoziation:
Großer Junge.

k

Faust mit abgewinkeltem
Zeigefinger.
Assoziation:
Wir klopfen an.

l

Handfläche und Finger sind
nach oben gekrümmt.
Assoziation:
Zungenstellung wird
nachgeahmt.

m

3 Finger auf die geschlossenen Lippen.
Assoziation:
3 „Beinchen“ von m.

n

2 Finger an die Nase.
Assoziation:
Nashorn;
2 „Beinchen“ von n.

ng

Daumen und Zeigefinger drücken gegen die Nasenflügel.
Assoziation:
So entsteht der Nasallaut.

o

Daumen und Zeigefinger bilden einen Kreis.
Assoziation:
Das o ist rund.
O, der schöne Mond …

p

Daumen und Zeigefinger werden geschlossen an die Lippen gelegt und öffnen sich explosiv nach vorne.
Assoziation:
Das p platzt auf!

qu

Beide Hände bilden das Quakmaul mit den Schallblasen (wie bei u, aber mit gekrümmten Fingern).
Assoziation:
So quaken Frösche.

r

Zeigefinger kreisen vor Kehle umeinander.
Assoziation:
Da rrrrrollt es.

s

Zeigefinger bewegt sich s-förmig vom Munde fort.
Assoziation:
Züngelnde Schlange;
S-Kurve

sch

Beide Fäuste drücken auf die Wangen.
Assoziation:
Luft wird kräftig herausgestoßen.

t

Handrücken gegen
den Mund halten.
Assoziation:
Luftstoß wird wahrgenommen;
Unterarm bildet den
Querstrich nach.

u

Beide Hände bilden
den U-Schwung nach.
Assoziation: Oben offen.

v

Finger bilden ein v
vor dem Mund.
Assoziation:
v wie Vogel.

w

Flache Hand an
die Unterlippe legen.
Assoziation:
Wind bläst über die Kante.

x

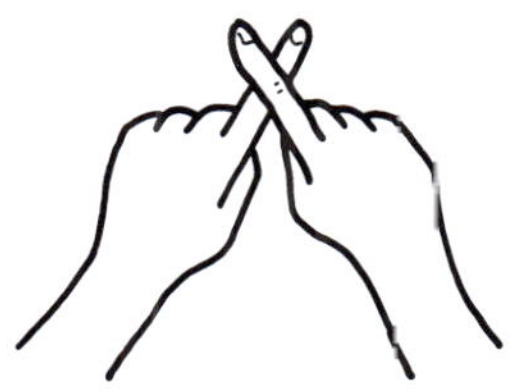

Übereinander gekreuzte
Zeigefinger bilden ein x.
Assoziation:
Hexenkreuz.

y

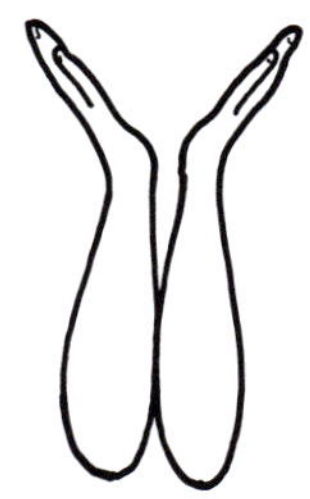

Beide Unterarme und die
Hände bilden das y nach.

z

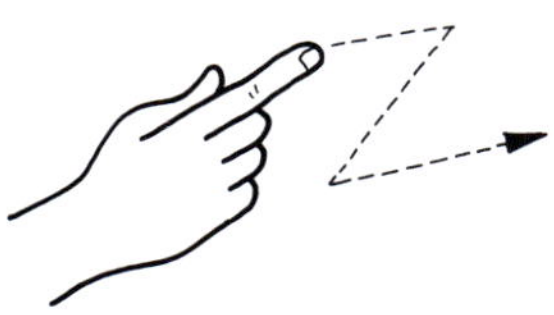

Zeigefinger zeichnet eine
Zickzack-Bewegung.
Assoziation:
Blitze zucken!

Inhalt

Beilage

Textquellenverzeichnis

S. 88: Meine Mutter, Rosemarie Neie, aus: „Es war so lange Tag ...“, Hrsg. Liselott Musil, Verlag Ludwig Auer.

S. 90: Die Gäste der Buche, Rudolf Baumbach.

S. 91: Herbstwind, Monika Minder.

Bildquellenverzeichnis

S. 17: Lama © Jan Schuler - Fotolia.com; S. 19: Elefant mit Baumstamm © Clivia - Fotolia.com; S. 24: Biene © Alekss - Fotolia.com; S. 32: Cornflakes © baibaz - Fotolia.com; S. 32/33: Brötchen © rdnzl - Fotolia.com; S. 33: Brot © emuck - Fotolia.com; Cornflakes © bergamont - Fotolia.com; Nudeln © Jenifoto - Fotolia.com; Karotte © atoss - Fotolia.com; Tomaten © msk.nina - Fotolia.com; Kopfsalat © gavran333 - Fotolia.com; Banane © Ian 2010 - Fotolia.com; Apfel © Dionisvera - Fotolia.com; Weintrauben © kovaleva_ka - Fotolia.com; Käse © azure - Fotolia.com; Milch © rdnzl - Fotolia.com; Joghurt © TrudiDesign - Fotolia.com; Fisch © by-studio - Fotolia.com; Lammkeule © rdnzl - Fotolia.com; Rindfleisch © Ex-Quisine - Fotolia.com; Torte © thongsee - Fotolia.com; Pommes © M.studio, Fotolia.com; S. 36: Leiter © PRILL Mediendesign - Fotolia.com; S. 36: Meise © ryzhkov_sergey - Fotolia.com; S. 36: leise © fotodesign-jegg.de - Fotolia.com; S. 36: Reiter © virgonira - Fotolia.com; S. 36: Küken © Pixelsumpf - Fotolia.com; S. 36: Meise mit Meisenring © Dream-Emotion - Fotolia.com; S. 51: grünes Blatt © Anatoliy Zavodskov - Fotolia.com; S. 51: Schmetterling Metamorphose © JPS - Fotolia.com; S. 56: Kaninchen © Scay21/Dreamstime.com; S. 56: Bauernhof © barn – Pixabay; S. 56: Hasenbaby © dennisstracke - Fotolia.com; S. 57: Kinder mit Kaninchen © (Jiri Hubatka RM imageBROKER)F1online; S. 61: Zebra © Patryk Kosmider - Fotolia.com; S. 61: Schimpanse © Eric Isselée - Fotolia.com; S. 61: Löwe © Eric Isselée - Fotolia.com; S. 61: Krokodil © okinawakasawa - Fotolia.com; S. 66/67: Jaguar © Matt_Gibson – iStock; S. 66/67: Hintergrund © OlgaYakovenko - Fotolia.com; S. 66: Panthera_onca_zoo - www.commons-wikimedia.org; S. 67: Bambusrahmen © imagophotodesign - Fotolia.com; S. 67: Notizbuch © stockWERK - Fotolia.com; S. 67: Hirsch © PhillipC – Flickr; S. 67: Tapir © PetrToman - Fotolia.com; S. 67: Kaiman © unpict - Fotolia.com; S. 67: Wasserschwein © Martina Berg - Fotolia.com; S. 69: Schleiereule im Flug © m_reinhardt - Fotolia.com; S. 69: Motte © Dirk Czarnota - Fotolia.com; S. 69: Frosch © usbfco - Fotolia.com; S: 69: Maus © Vera Kuttelvaserova - Fotolia.com; S. 69: Blindschleiche © emer - Fotolia.com; S. 70: Vogelnest © YK - Fotolia.com; S. 71: Raupe © Zerbor - Fotolia.com; S. 71: Regenwurm © Valentina R. - Fotolia.com; S. 71: Maikäfer © Vitalii Hulai - Fotolia.com; S. 71: Katze am Fenster © Bartlomiej Zyczynski - Fotolia.com; S. 75: Froschlaich © Alexander von Düren - Fotolia.com; S. 75: Kaulquappe © bajita111122 - Fotolia.com; S. 75: Frosch © Anatolii- Fotolia.com; S. 85: Frühling © doris oberfrank-list - Fotolia.com; S. 85: Sommer © doris oberfrank-list - Fotolia.com; S. 85: Herbst © drubig-photo - Fotolia.com; S. 85: Winter © azureus70 - Fotolia.com; S. 85: Illustration Frühling: © frilled_dragon - Fotolia.com; S. 85: Illustration Sommer © frilled_dragon - Fotolia.com; S. 85: Illustration Herbst © chrupka - Fotolia.com; S. 85: Illustration Winter © pico - Fotolia.com; S. 86: Osterhasen © Matthias Enter - Fotolia.com; S. 86: Hintergrund © lienchen020_2 - Fotolia.com; S. 86: Papierrolle © claer - Fotolia.com; S. 86: Osterhäschen im Grünen © Subbotina Anna - Fotolia.com; S. 86: Osterkorb mit Eiern © Schlierner - Fotolia.com; S. 89: Hintergrund © mozZz - Fotolia.com; S. 87: Herzen © gubh83 - Fotolia.com; S. 87: Wäscheklammern © Mexrix - Fotolia.com; S. 89: altes Papier © ZaZa studio - Fotolia.com; S. 89: Sonnenblume © Klaus Kuhn; S. 90: Buche © niakc10 - Fotolia.com; S. 90: Zaunkönig © Michael Fritzen - Fotolia.com; S. 90: Buntspecht © hfox - Fotolia.com; S.90: Eichhörnchen © natureimmortal - Fotolia.com; S. 90: Maus © Martina Osmy - Fotolia.com; S. 91: Ahornblätter © drubig-photo - Fotolia.com; S. 91: Hintergrund © Denchik - Fotolia.com; S. 94: Ole und Maria © ChantalS - Fotolia.com; S. 95: Maximilian © roxcon - Fotolia.com; S. 95: Eske © Tracy Whiteside - Fotolia.com; Umschlag Tiere: Wildente © voren1- Fotolia.com; Elefant © eyetronic - Fotolia.com; Zebra © anankkml - Fotolia.com; Rotwild @ Eric Isselée - Fotolia.com; Papagei © Nejron Photo - Fotolia.com

Illustratorenverzeichnis

Renate Emme, 20257 Hamburg: S. 28/29
Christiane Ruth Franke, 8071 Grambach, Österreich: S. 16/17, 24/25, 76/77, 94/95
Ingrid Hecht, 30163 Hannover: Einband, S. 10/11, 14/15, 22/23, 34 – 37, 42/43, 48/49, 52 – 55, 64 – 69, 74/75, 80 – 84
Franziska Kalch, 09405 Gornau: S. 12/13, 26/27, 38/39, 50/51, 78/79, 92/93
Stefanie Kolb, 55270 Essenheim: Schmutztitel, S. 2/3 (inneres Bild), 6 – 8, 20/21, 40/41, 60, 88
Susanne von Poblotzki, 40625 Düsseldorf: S. 46/47, 58/59, 87/88
Achim Schulte, 44263 Dortmund: Umschlag Kinder und Weltkugel, S. 30/31, Weltkugel S. 59, 62/63
Heike Treiber, 79199 Kirchzarten: S. 2/3 (Außenfiguren), 4/5, 18/19, 32/33, 44/45, 72/73, 96/97

Bestell-Nr. 1405-30 · ISBN 978-3-619-14503-4

erarbeitet von Klaus Kuhn und Kerstin Mrowka-Nienstedt nach der Ausgabe ABC der Tiere 1 – Lesen in Silben – Die Silbenfibel (1403-90) von Rosemarie Handt, Klaus Kuhn und Kerstin Mrowka-Nienstedt

Auflage 4 3 2 1
Jahr 2020 2019 2018 2017

www.mildenberger-verlag.de · E-Mail: info@mildenberger-verlag.de

Druck: aprinta Druck GmbH, 86650 Wemding
Gedruckt auf umweltfreundlichen Papieren.

Bezugsmöglichkeiten

Alle Titel des Mildenberger Verlags erhalten Sie unter:
www.mildenberger-verlag.de
oder im Buchhandel. Jede Buchhandlung kann alle Titel direkt über den Mildenberger Verlag beziehen. Ausnahmen kann es bei Titeln mit Lösungen geben: Hinweise hierzu finden Sie in unserem aktuellen Gesamtprogramm.

Zum Lehrgang gehören

Materialien für Schülerinnen und Schüler	Bestell-Nr.
Die Silbenfibel®, Lernstandsheft, Schreibtabelle	1405-90
Arbeitsheft in Druckschrift, Teil A und B, 2 Silbenschieber, CD-ROM ABC der Tiere 1 Homeversion	1405-91
Arbeitsheft in Grundschrift, Teil A und B, 2 Silbenschieber, CD-ROM ABC der Tiere 1 Homeversion	1405-71
Schreiblehrgang Druckschrift, Teil A und B, Schreibtabelle	1405-81
Schreiblehrgang Grundschrift, Teil A, B und C, Schreibtabelle	1405-72
Schreiblehrgang Lateinische Ausgangsschrift, Schreibtabelle	1402-88
Schreiblehrgang Schulausgangsschrift, Schreibtabelle	1402-36
Schreiblehrgang Vereinfachte Ausgangsschrift, Schreibtabelle	1402-33
Silbenstifte, zweifarbig, VPE 12 Stifte	1402-66
Wortkarten, 320 Karten, in 5-Fächer-Lernbox	1403-96
Silbenschieber klein, aus Holz, 3 Schiebezungen	1405-85
CD-ROM ABC der Tiere 1, Homeversion, Einzellizenz	1405-94
Klatsch die Silbe, Spiele zum Silbenklatschen	1402-89

Materialien für Lehrerinnen und Lehrer	Bestell-Nr.
Handbuch, methodisch-didaktische Kommentare, Lernkontrollen, Kopiervorlagen, Druckschrift	1405-70
Grundschrift-Ergänzungspaket, Arbeitsblätter und Buchstaben für die Ankerbild-Karten in Grundschrift	1405-73
Arbeitsblätter zur individuellen Förderung, Kopiervorlagen, Druckschrift	1405-77
Folien zum Arbeitsheft, inkl. CD-ROM mit den Folien als PDF	1405-75
Silbenschieber groß, aus Holz, 3 Schiebezungen	1405-79
CD der Lieder und Sequenzen der Kontrastpaare, gesungen und als Play-back	1405-80
Lernkontrollen als Word- und PDF-Datei, Klasse 1/2, CD-ROM in DVD-Box, Einzellizenz	1405-88
Lernkontrollen als Word- und PDF-Datei, Klasse 1/2, CD-ROM in DVD-Box, Schullizenz	1405-89
Ankerbilder, DIN A4, Druckschrift, wahlweise LA / SAS / VA als Ausschneidebögen	1405-76
Schwungübungen, Kopiervorlagen	1403-71
Fit für den Schulbeginn, Übungen, Schuleingangstest	1402-78
Silben-Generator, Software zum Silbieren von Texten, Einzellizenz	1403-79

Tiergeschichten mit Mia und Mio

Tiergeschichten mit Mio und Mia zu den Ankerbildern im Schreiblehrgang

32 S., vierf., FeEbd, 17 x 23,5 cm	Bestell-Nr.
Band 1: Affe, Elefant, Igel, Maus, Tiger, Wal	1404 - 01
Band 2: Delfin, Fisch, Gans, Kakadu, Schildkröte	1404 - 02
Band 3: Kröte, Löwe, Nashorn, Papagei, Pfau	1404 - 03
Band 4: Auerhahn, Hase, Kühe, Reh, Uhu	1404 - 04
Band 5: Bär, Eichhörnchen, Seepferdchen	1404 - 05
Band 6: Specht, Storch, Zebra	1404 - 06
Band 7: Känguru, Orang-Utan, Schlange	1404 - 07
Band 8: Eule, Jaguar, Katze	1404 - 08
Band 9: Qualle, Vogel, Yak	1404 - 09
Band 10: Boxer, Clown mit Chamäleon	1404 - 10
Band 1 – 10, Komplettbezug	1404 - 11
Arbeitsblätter zu allen Geschichten, 160 S., 114 KVs, Lsg	1404 - 12

Der Leserabe mit farbigem Silbentrenner

Leserabe – Auswahl Lesestufe 1

48 S., vierf., FeEbd, 17,5 x 24 cm	Bestell-Nr.
Band 1: Das tollste Pony der Welt	1403 - 40
Band 2: Der verhexte Schulranzen	1403 - 41
Band 3: Die Bolzplatz-Bande macht das Spiel!	1403 - 42
Band 4: Piratengeschichten	1403 - 46
Band 5: Der kleine Drache und der Monsterhund	1403 - 48
Band 11: Pimpinella Meerprinzessin und der Delfin	1403 - 52
Band 12: Monstergeschichten	1403 - 53
Band 13: Der mutigste Ritter der Welt	1404 - 50
Band 14: Nixengeschichten	1404 - 51
Band 15: Baumhausgeschichten	1404 - 52
Band 1 – 10, Lesestufe 1 und 2	1403 - 50
Arbeitsblätter zu Bd. 1 – 10, zu Lesestufe 1 und 2, 96 S., Lsg	1403 - 51
Band 11 – 20, Lesestufe 1 und 2	1404 - 60
Arbeitsblätter zu Bd. 11 – 20, zu Lesestufe 1 und 2, 96 S., Lsg	1404 - 61
Band 21 – 30, Lesestufe 1 und 2	1404 - 53
Arbeitsblätter zu Bd. 21 – 30, zu Lesestufe 1 und 2, 96 S., Lsg	1404 - 54

N
W
O
S